Arbeitstechniken
Deutsch

Heft 1

für das 5./6. Schuljahr

Hans Joachim Heinz

Ernst Klett Verlag
Stuttgart Düsseldorf Leipzig

In deinem Übungsheft findest du Arbeitstechniken zu folgenden Bereichen:

Texte und Schaubilder erschließen

Sich und andere informieren

Texte verfassen und überarbeiten

Alle Kapitel deines Übungsheftes sind in folgenden vier Schritten aufgebaut:

1 **In diesem Kapitel lernst du:**

zwei Strategien kennen, die dir dabei helfen, sicher und fehlerfrei Wörter, Sätze und ganze Texte abzuschreiben.

2 Du erarbeitest eine neue Arbeitstechnik mit Hilfe von Proben, Schrittfolgen, Strategien und Methoden.

3 Übungen, bei denen dir Tipps helfen

TIPP

Bittet auch die Fachlehrer darum, Sätze an der Tafel in Abschnitte einzuteilen, die das Abschreiben erleichtern.

4 Check: abschließende Aufgabe mit Checkliste

- Prüfe mit dem folgenden Check noch einmal, ob du dich beim Abschreiben wirklich an die Regeln der Abstreibstrategie gehalten hast.

Checkliste	+	–
Hast du zuerst den ganzen Text gelesen?	☐	☐
Hast du das sofort geklärt, was du nicht verstanden hast?	☐	☐
Hast du jeden Satz vor dem Abschreiben in Einheiten eingeteilt?	☐	☐
Hast du dann jede Einheit des Satzes einzeln gelesen, dir eingeprägt und aus dem Gedächtnis aufgeschrieben?	☐	☐
Hast du anschließend jede geschriebene Einheit wieder mit der Vorlage verglichen?	☐	☐
Hast du zum Schluss den gesamten Text noch einmal mit der Vorlage verglichen?	☐	☐
Hast du gut leserlich geschrieben?	☐	☐

Inhalt

1 Abschreiben leicht gemacht

In diesem Kapitel lernst du:

zwei Strategien kennen, die dir dabei helfen, sicher und fehlerfrei Wörter, Sätze und ganze Texte abzuschreiben.

Strategie 1: Wörter abschreiben

So kannst du beim Abschreiben einzelner Wörter Fehler vermeiden:

Geschichte	**Jedes Wort**
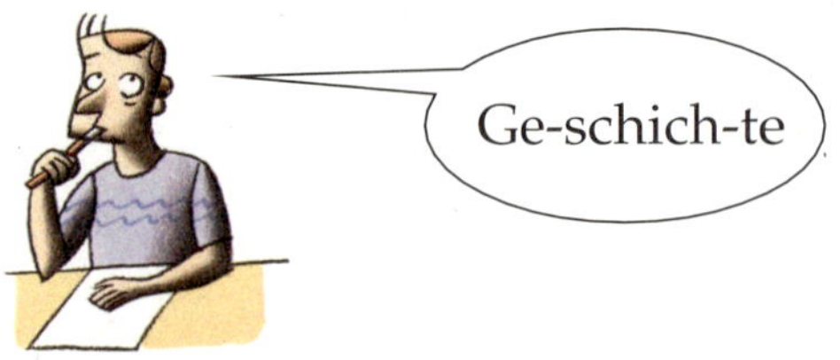	… ansehen und einprägen. Dabei leise in Sil-ben mit-spre-chen: **„Ge-schich-te“**
Ge	Mit einem Blatt Papier zudecken.
	… aus dem Gedächtnis aufschreiben. Dabei leise in Sil-ben mit-spre-chen: **„Ge-schich-te“**
Geschic	Mit der Vorlage vergleichen.
~~*Gehschichte*~~ *Geschichte*	Falls das Wort falsch geschrieben ist: Falsches Wort durchstreichen und richtig daneben schreiben.
	Zum Schluss noch einmal alle Wörter mit der Vorlage vergleichen.

1 Probiere die Strategie mit diesen beiden Wörtern aus:
Erdkunde Mathematik

2 Suche die Namen deiner Schulfächer heraus und schreibe sie in deiner schönsten Schrift ab.
- Richte deine Buchstaben an den Linien aus.
- Wende die **Abschreibstrategie** an.

Physik	Mathematik	Biologie
Physik	Ma	....
Erdkunde	Geschichte	Musik
....	....	....
Englisch	Deutsch	Sport
....	....	....
Religion	Politik	Schwimmen
....	....	....
Kunst	Französisch	Textilgestaltung
....	....	....

- Fehlen noch Schulfächer? Ergänze sie hier:

________________ ________________ ________________

________________ ________________ ________________

3 Schreibe diese Wortliste ab:

Strategie:

lesen → einprägen → abdecken → aufschreiben → vergleichen → berichtigen

zum Schluss noch einmal alle Wörter mit der Vorlage vergleichen

		Korrektur
Lineal		
Spitzer		
Ringbuch		
Hefte		
Kugelschreiber		
Füllfederhalter		
Bleistift		
Zirkel		
Turnschuhe		
Radiergummi		

4 Bei der Vorbereitung deiner Geburtstagsparty hilft dir diese Liste. Schreibe sie ab.
■ Wende die **Abschreibstrategie** an:

Einladungen
Kuchen
Kerzen
Kakao
Limonade
Tischdecke
Geschirr
Löffel
Kuchengabeln
Spiele
Tischkarten

5 Unten findest du Bezeichnungen für verschiedene Körperteile des Menschen. Schreibe sie auf die Linien. Wende die **Abschreibstrategie** an.

Kopf, Augenbrauen, Stirn, Ohr, Mund, Oberkörper, Arm, Schulter

Strategie 2: Sätze und Texte abschreiben

Einen Satz Wort für Wort abzuschreiben ist viel zu aufwendig.
Diese Strategie hilft dir, beim Abschreiben ganzer Sätze Fehler zu vermeiden:

… den ganzen Satz lesen und Unbekanntes klären.

… den Satz mit Schrägstrichen in einzelne Einheiten einteilen.

Vor etwa/einer Million Jahren/schoben sich/dicke Eismassen/über weite Gebiete/Europas.

… jede Einheit des Satzes merken, aus dem Gedächtnis aufschreiben und mit der Vorlage vergleichen.

Vor etwa

… falsch geschriebene Wörter durchstreichen und darüber schreiben.

einer

Vor etwa ~~ener~~ Million Jahren

… den ganzen Satz noch einmal mit der Vorlage vergleichen.

b Schreibe jetzt den Beispielsatz oben ab und probiere diese Strategie aus.

7 Schreibe auch diesen Satz ab. Wende die **Abschreibstrategie** für Sätze an.

In unserer Heimat wechselten Eiszeiten und Warmzeiten mehrmals, ehe die Warmzeit begann, in der wir heute leben.

Im Unterricht musst du oft Merksätze von der Tafel abschreiben.
Wende auch dabei die **Abschreibstrategie** für Sätze an.

8 Schreibe den Tafeltext ab und wende die **Abschreibstrategie** an.

Wie sich die frühen Menschen versorgten

1. *Sie schliefen in Höhlen und Kuhlen. Diese boten Schutz vor Regen, Schnee und eisiger Kälte.*
2. *Sie jagten Tiere, die in ihrer Umgebung lebten.*
3. *Sie ernährten sich von Wurzeln, Beeren, Laub und Rinde, die sie sammelten.*

TIPP

Bittet auch die Fachlehrer darum, Sätze an der Tafel in Abschnitte einzuteilen, die das Abschreiben erleichtern.

Nun fällt es dir auch leichter, längere Texte fehlerfrei abzuschreiben.
Gehe in diesen Schritten vor:

Zunächst den ganzen Text lesen und Unbekanntes klären.

Dann nach der **Abschreibstrategie** Satz für Satz in Einheiten einteilen, die Einheiten merken; aus dem Gedächtnis aufschreiben und vergleichen.

Am Schluss noch einmal den gesamten abgeschriebenen Text mit der Vorlage vergleichen.

9 Der folgende Text stammt aus einem Geographiebuch.
Schreibe ihn mit Hilfe der **Abschreibstrategie** ab.
- Schreibe in schöner, gut lesbarer Schrift.

Die Dinosaurier

Vor 160 Jahren fanden Wissenschaftler im Gestein Reptilienknochen aus früheren Erdzeitaltern. Die Knochen ähnelten denen einiger noch heute lebender Eidechsen, waren allerdings von einer solchen Größe, dass die Wissenschaftler tief beeindruckt waren.
So gab man diesen noch unbekannten Tieren zunächst den Namen „schreckliche Eidechse“.

Da jedoch damals die Sprache der Wissenschaftler Griechisch oder Latein war, erhielten die Tiere den griechischen Namen für „schreckliche Eidechse“.
Schreckliche Eidechse heißt im Griechischen deinos sauros.
Aus diesem griechischen Namen wurde das Wort Dinosaurier.

Text lesen.

Unbekanntes klären.

Satz für Satz in Einheiten einteilen und nach der **Abschreibstrategie** abschreiben.

Am Schluss den ganzen Text noch einmal vergleichen.

Die Dinosaurier

■ Prüfe mit dem folgenden Check noch einmal, ob du dich beim Abschreiben wirklich an die Regeln der Abstreibstrategie gehalten hast.

Checkliste

	+	–
Hast du zuerst den ganzen Text gelesen?	☐	☐
Hast du das sofort geklärt, was du nicht verstanden hast?	☐	☐
Hast du jeden Satz vor dem Abschreiben in Einheiten eingeteilt?	☐	☐
Hast du dann jede Einheit des Satzes einzeln gelesen, dir eingeprägt und aus dem Gedächtnis aufgeschrieben?	☐	☐
Hast du anschließend jede geschriebene Einheit wieder mit der Vorlage verglichen?	☐	☐
Hast du zum Schluss den gesamten Text noch einmal mit der Vorlage verglichen?	☐	☐
Hast du gut leserlich geschrieben?	☐	☐

2 Nachschlagen

In diesem Kapitel lernst du:

- **Wörter und Begriffe alphabetisch zu ordnen.**
- **Wörter in deinem Wörterbuch schnell zu finden.**

Die Bezeichnungen für diese Lebensmittel beginnen mit unterschiedlichen Anfangsbuchstaben.

1 Bei dieser Auswahl kommen neun Buchstaben des Alphabets nicht als Anfangsbuchstaben vor.
Kreise die neun Buchstaben ein.

A B C D E F G H V I J K L M

N O P Q R S T U W X Y Z

2 Fallen dir noch Gegenstände oder Waren mit den fehlenden Anfangsbuchstaben ein?
- Dann zeichne sie dazu.
- Streiche die entsprechenden Buchstaben oben aus.

3 Sortiere die Waren aus dem Lebensmittelgeschäft nach dem Alphabet. Schreibe die Anfangsbuchstaben farbig.

Ananas	B	D

4 Folgende Waren fehlen im Bestand und müssen nachbestellt werden:

Salami – Sojabohnen – Paniermehl – Puderzucker – Seife
Petersilie – Suppenwürfel – Pilze

Der Abteilungsleiter möchte eine alphabetische Liste haben. Fertige sie an.

TIPP

Mehrere Waren haben die gleichen Anfangsbuchstaben. Du musst also den zweiten Buchstaben beim Ordnen berücksichtigen

P	S

Stell dir vor, du musst Geld für einen Ausflug einsammeln.
Um den Überblick zu behalten, schreibst du die Namen der Teilnehmer alphabetisch geordnet auf:

5 Schreibe die Namensliste auf:

Hier sind ein Auszug aus einem deutschen Telefonbuch und ein Auszug aus dem Verzeichnis einer internationalen Gemeinde (IG) abgebildet.

Leykauf Hans Festplatte 102	20027
Lexner Dorothea Buchmarkt 3	19638
Lezzo Pia Im Gässle 15	8023
Lichtenauer Silke u. Jost Schwätzer 27	4728
Lichtenhagen Friederike Am Heck 24	7123
Lichterwald Dietmar HeinzEhrhardt 5	9320
Lichtnacht Oswald Elektriker Rotensee 14	7126
Lichtner Chris Linden 72	7320
Lichtner Iris u. Koller Uwe Linden 72	7302
Liebe Gudrun Dichterin Ulmen 12	8518
Liebe Petra u. Wolfgang Räucherkammer 18	3044
Liebe Loredana Im Gässle 24	8031
Liebermann Paul Malerbedarf An der Staffelei 1	2020
Liekenberg Martin u. Dörte Bahnhof 6	8118
Liekner Aktiengesellschaft Datenverarbeitung Festplatte 23	20018
Lienen Jürgen Pappel 8	7566
Liermann	3241
Lieven Karl Künstler Thalia 28	19732
Lieven Verena HeinzErhardt 76	9365
Liewald Manfred Am Brill 4	6543
Limp Lumpen u. Altpapier Altwasser	2686
Linde AG Kundenservice Altwasser	2673
Linde Anke Lehrerin Schulhof 5	2763
Lindlar	9728

Lewis Donald Goethe 45	75761
Lewitzki Joszef Buchen 20	2835
Lezaic Franjo Makrelen 13	35467
Lezic Abdul Flunder 107	37289
Lheur Zeljka Ludwig 12	89738
Li Huiping Friedrich 37	66774
Li Xiaoman Marien 1	63472
Liakidos Chrosostomos Heinrich 23	69784
Lialios Jannis Pfaffenwinkel 5	73735
Liber Kateryna Kornblumen 7	88516
Libermann Krysztof Bibliothek 38	74568
Librizzi Mauro Bernstein 3	98756
Libnow Rudolf Smaragd 15	96534
Licata Salvatore Goethe 47	75735
Licina Ahmet Feuerberg 4	53421
Lichtblau Christa Marktplatz	22554
Liebaug Martin Parade 11	65382
Liem Bambang Marktplatz	24351
Lienhart Udo Eichendorff 45	79453
Liggeri Riccardo Schiller 2	73671
Ligregni Enrico Turmalin 35	93239
Lihs Anke Schiller 2	73734
Likic Mate und Jaga Eidechsen 6	34543
Liktor Kasimir Hecht 5	36559
Liliencron Detlef von Parade 22	65352
Lilopoulos Nikolaos Bernstein 57	98552
Liokas Athanasios u. Ekaterina Goethe 41	75442

b Stelle die Rufnummern folgender Teilnehmer fest und notiere sie zusammen mit den Familiennamen.
Lichtenhagen, Lindlar, Liewald, Limp, Lheur, Licina, Liokas, Liber

D

____

____

____

____

IG

____

____

____

____

In einem Wörterbuch findest du zu den meisten Stichwörtern noch weitere Angaben. Diese Angaben heißen „Legenden“:

Stichwort →

Fleck der < (e)s;-e> **1.** *schmutzige Stelle* Die Tischdecke / das Hemd hat Flecken., sich einen Fleck auf das Hemd machen, Der Fleck ist beim Waschen nicht (he)rausgegangen. **2.** *eine andersfarbige Stelle* Die Katze hat ein schwarzes Fell und kleine weiße Flecken über den Augen.
3. (*umg.*) *Ort; Stelle* sich nicht vom Fleck rühren, Der Stein lässt sich nicht vom Fleck bewegen., Das ist ein schöner Fleck, wo ihr Urlaub machen wollt.
■ **blauer Fleck**: *ein Bluterguss unter der Haut*

← weitere Angaben zum Stichwort

Legende

7 Hier stehen sieben Stichwörter mit Legenden aus einem Wörterbuch. Gib an, in welcher Reihenfolge die Stichwörter im Wörterbuch zu finden sind.

- Schreibe die Nummer in die Kreise.
- Schreibe dann rechts die Stichwörter in der richtigen Reihenfolge.

Ta•cho•me•ter der/das *griech.* <-s,-> KFZ *Geschwindigkeitsmesser* ◯

Mo•tor, Mo•tor der lat. <-s, -en> *eine Maschine, die Treibstoff oder elektrischen Strom in Bewegung umsetzt* Der neue Motor verbraucht deutlich weniger Treibstoff., Die Mechaniker versuchen, den Motor des Rennwagens besser abzustimmen. ◯

Cou-pé, a. Ku•pee das [ku'pe:] *franz.* <-s, -s> **1.** KFZ *zweisitziger Sportwagen* **2.** (*veralt.*) *Eisenbahnabteil* ◯

Aus-puff der < (e)s;-e> *Rohr, aus dem die Abgase des Motors entweichen* ◯

Rei•fen der <-s, -> *aus Gummi bestehender äußerer Teil eines Rades* einen Reifen aufpumpen/auswechseln/flicken ◯

Hu•pe die <-, n> *Vorrichtung in einem Kraftfahrzeug, mit der man ein lautes Signal erschallen lassen kann, um andere Verkehrsteilnehmer zu warnen* auf die Hupe drücken ◯

Ge•trie•be das <-s,-> *der Teil einer Maschine, der die vom Motor erzeugte Bewegung überträgt* Das Auto hat einen Schaden am Getriebe. ◯

A ______________________

____

____

____

____

____

____

Wichtige Angaben in der Legende

Worttrennung – **Artikel** – **Worterklärung**

Don•ners•tag der <-s, -e> *der vierte Tag der Woche*

Do•mä•ne die <-, -n> **1.** *Wirkungsgebiet* Der Film ist nicht seine Domäne, er ist ein ausgesprochener Theaterschauspieler. **2.** GESCH. *Landgut, das dem Staat gehört*

Dis•kus•si•on die (lat.) <-, -en> *Meinungsaustausch* eine lebhafte Diskussion über ein Thema führen

Draht der <-(e)s, Drähte> *eine sehr dünne Schnur aus Metall* Draht auf eine Rolle wickeln ■ **ein heißer Draht** (*umg.*): *eine direkte (telefonische) Verbindung* **einen/keinen guten Draht zu etwas/jemandem haben** (*umg.*): *eine/keine gute Beziehung zu etwas/jmdm. haben* **auf Draht sein** (*umg.*): *geistig rege sein*

Sprache, aus der das Stichwort stammt – **andere Bedeutungen**

8 Untersuche jetzt noch einmal die Stichwörter „rund ums Auto“ auf Seite 16.
- Ordne die Stichwörter nach ihrem Geschlecht in die Tabelle ein [Maskulinum (der), Femininum (die) und Neutrum (das)].
- Achte darauf, dass die Stichwörter in jeder Spalte auch alphabetisch sortiert sind.

Maskulinum	Femininum	Neutrum	ohne Angabe

9 Welches Stichwort stammt aus der französischen Sprache?

___

Suchhilfe 1: Kopfwörter

Eine wichtige Suchhilfe sind die Kopfwörter auf jeder Seite des Wörterbuchs.

Ballen – Bandmaß	**98**
Bal•len der <-s, -< **1.** *rundliches, fest verschnürtes Bündel* **2.** ANAT. Muskelgruppe	*vor etwas haben (umg.): vor etwas Angst* haben

Die Kopfwörter geben das erste und das letzte Wort auf einer Seite an.
Seite 98 dieses Wörterbuchs beginnt also mit dem Wort „**Ballen**" und schließt mit dem Wort „**Bandmaß**".

Erstes Wort auf Seite 98: **Ballen**	Letztes Wort auf Seite 98: **Bandmaß**

10 Prüfe, welche sechs Wörter aus der folgenden Wortliste du auf Seite 98 dieses Wörterbuchs finden müsstest. Schreibe sie in der richtigen Reihenfolge auf.

Ballkleid – Drossel – Auto – Banane – Brot – Brezel – Zaun
Bammel – Ballon – Bambus
besuchen – Band – bankrott – binden – finden

______________________ ______________________

______________________ ______________________

______________________ ______________________

Suchhilfe 2: Verben immer unter ihrem Infinitiv suchen

„gekommen" also unter dem Stichwort „kommen"
„wusste" unter dem Stichwort „wissen"

11 Bilde zu diesen Verbformen die Infinitive. Schlage im Wörterbuch nach und gib an, auf welcher Seite du das Verb findest.

Verbform	Infinitiv	Seite
lief		
getanzt		
angekommen		
hielt		
getroffen		

Check

■ An der Tafel stehen die Wochentage in englischer Sprache. Nummeriere sie in alphabetischer Reihenfolge.

◯ Monday, ◯ Tuesday, ◯ Wednesday,

◯ Thursday, ◯ Friday, ◯ Saturday, ◯ Sunday

■ Ordne die folgenden Wörter in der richtigen Reihenfolge in die Tabelle ein. Schlage auch in deinem Wörterbuch nach und schreibe die entsprechende Seite dahinter.

offen – Omnibus – oder – Obst – Oper – Orkan
Ochse – Oase – Ohr – Osten

		S.
1		
2		
3		
4		

		S.
6		
7		
8		
9		

■ In den Zeilen der Tabelle sind jeweils nur Kopfwörter angegeben. Füge die folgenden Wörter zwischen den passenden Kopfwörtern ein:

dein, Roggen, Pudding, Ding, Rugby, Schnecke, rennen, Protokoll

Schmuggel		schneiden
Rubin		Ruhm
Risiko		Romantik
Promenade		Prozent
Rekord		reparieren
Prozess		Pullover
Degen		Demonstration
Diktat		Direktor

3 Inhaltsbezogen lesen

In diesem Kapitel lernst du:

Texte so zu lesen, dass du sehr schnell einen Überblick über den Inhalt bekommst.
Mache die Übungen möglichst mit einem Partner. Dann könnt ihr euch gegenseitig kontrollieren.
Du kannst sie aber auch alleine machen.

1 Lies die Zeitungsmeldungen und errate schon beim Lesen die fehlenden Wörter.

Italiener und Hund fanden Ballon

Im Rahmen des großen Stadtjubiläums durften Kinder insgesamt 500 XXXXXX in den Himmel aufsteigen lassen, an denen Karten mit ihrem XXXXXX befestigt waren.
Von jedem 10. Ballon erhielten die Kinder eine XXXXXX.
Am weitesten flog der XXXXXX der 6-jährigen Yvonne Weiß. Er wurde in Italien von Mauro Jardini gefunden. Der 67-jährige erhielt ebenso wie Yvonne einen XXXXXX, allerdings einen Bildband aus der Eifel.
In Tussingen hatte ein Terrier namens „Herr Schmidt" einen der XXXXXX im Grünen erschnüffelt.
„Herr Schmidt", wohnhaft bei Martina Fies, erhielt als XXXXXX ein Spielzeug zum Zeitvertreib.

Das Wetter am Mittwoch

In der Nacht zum Mittwoch ziehen dichte XXXXXX über den Norden Deutschlands hinweg in Richtung Ostsee.
Am frühen Morgen sind XXXXXX von 8 bis 11 Grad zu erwarten.
Im Osten zeigen sich zunächst bei klarem Nachthimmel noch die XXXXXX.
Später legen sich dichte XXXXXX über die Täler.
Am Mittwoch wird es in der Osthälfte Deutschlands wolkig, in der Westhälfte hingegen XXXXXX. Dort wechseln sich Sonne und Wolken ab.
Am späten Nachmittag und am XXXXXX gehen am Niederrhein einzelne XXXXXX nieder. Insgesamt XXXXXX die Temperaturen deutschlandweit auf angenehm milde 16 bis 20 Grad.

2 Lies folgende Texte aus Schulbüchern. Ersetze dabei die unpassenden Wörter durch die richtigen, welche am Rand stehen.

Über die Bienen*

In einem Bienenvolk ist nur Platz für eine Königin.
Noch ehe im Juni die erste Jungkönigin schlüpft, verlässt der alte König mit der Hälfte des Volkes den Stock.

Der Imker kann es manchmal schon Jahre vorher an der zunehmenden Unruhe der Tiere erkennen, die sich darin bemerkbar macht, dass die Wespen schwärmen.

Die zurückgebliebene Hälfte des Bienenvolkes ist nun scheinbar ohne Chef. Doch auf einem Hochzeitsflug paart sich die erste Jungkönigin mit einigen Drohnen. Sie wird neue Königin.
Wenn das Fliegenvolk nicht groß genug für einen weiteren Schwarm ist, werden die anderen Jungköniginnen totgestochen.

*nach: Einblicke in die Biologie 5/6. Ernst Klett Verlag, Stuttgart 1992

die Königin

Tage

Bienen

Königin

Bienenvolk

Markttag in der mittelalterlichen Stadt*

Vor dem Rathaus weht eine rote Fahne, Zeichen, dass Markttag ist. Die Bauarbeiter aus den umliegenden Großstädten bringen auf Karren und LKWs ihre Erzeugnisse heran: Milch, Butter, Käse, Eier, Getreide, Eintopf und Flügel.

Knechte tragen Schlachtschweine und Rinder in die Stadt, Kaufleute bringen ihre Ware auf Planwagen zum Einkaufszentrum.
Vier Pferde sind vor jeden Wagen gespannt. Fässer, Ballen und Säcke sind unter der Plane verstaut.
Langsam rumpeln die schweren Wagen durch die engen, winkligen Asphaltstraßen.

*nach: Damals und heute 2. Ernst Klett Verlag, Stuttgart 1973

Bauern

Dörfern

Wagen

Geflügel

treiben

Markt

Gemüse

Gassen

3 Bei diesen Scherzfragen fehlen einige Vokale.
Lies zunächst die Antworten in der linken Spalte und suche dann die passenden Fragen in der rechten Spalte.

1	Sechs: Vier Beine und zwei Elfenbeine	Auf w*lch*r Straß* kann man w*d*r fahr*n noch g*h*n?
2	Der K*ffee, denn er k*nn sich setzen. Der Tee muss ziehen.	W*lch*r Bus hat schon d*n Atlantik üb*rqu*rt?
3	*uf der Sch*llm*uer	Was muss *in*r tun, d*r *in*n *l*fant*n auf s*in*m Zaun sitz*n si*ht?
4	*uf der Milchstr*ße	Wi* vi*l* B*in* hat *in *l*fant?
5	Der F*hrr*dm*ntel	W*r hat *s b*qu*m*r, d*r T** od*r d*r Kaff**?
6	Weil die N*cht d*zwischen liegt	Warum r*gn*t *s ni* an zw*i Tag*n hint*r*inand*r?
7	Kolumbus	W*lch*r Bauch hat k*in*n Nab*l?
8	Der *ufschneider	Auf w*lch*r Mau*r kann man nicht st*h*n?
9	Einen neuen Z*un k*ufen	W*lch*r Schn*id*r braucht k*in* Sch*r*?
10	Der Schiffsb*uch	W*lch*r Mant*l hat k*in* Knöpf*?

4 Ersetze bei den folgenden Sätzen schon während des Lesens die unterstrichenen Ausdrücke durch zusammengesetzte Nomen/Substantive.

Dachdecker

1 Bereits um sieben Uhr klingelten die Männer, die das Dach decken.
2 Mutter hat die Tücher für die Hände zurechtgelegt.
3 Auch die Lappen zum Waschen liegen bereit.
4 Im Winter setzt die Dämmerung des Abends früh ein.
5 Früher mussten die Schülerinnen und Schüler häufig bei Wind und Wetter einen weiten Weg zur Schule zurücklegen.
6 In unserer Stadt werden immer mehr freie Flächen zu Gebieten zum Wohnen erklärt, so dass dort neue Häuser entstehen.
7 In unserer Nähe befindet sich ein Stall, in dem man reiten kann.
8 Der Fahrer des Autos machte das Blinklicht zur Warnung an.
9 Die Tassen für den Kaffee müssen noch gespült werden.
10 Die Gläser für Milch sollten auch noch in die Maschine zum Spülen gestellt werden!

5 In den folgenden Sätzen musst du selbst herausfinden, welche Ausdrücke du beim Lesen durch zusammengesetzte Nomen/Substantive ersetzen kannst. Es sind insgesamt acht Ausdrücke.

1 Vor unserem Haus befindet sich ein Kasten mit Sand, in dem die Kinder der Bewohner des Hauses gerne spielen.

2 Er ist ein bekannter Schauspieler in Filmen und ein ebenso bekannter Sänger von Opern.

3 In den engen Wohnungen in Städten ist das Halten von Tieren des Hauses meistens nicht erlaubt.

4 Mediziner weisen immer eindringlicher darauf hin, dass es schon bei Kindern und Jugendlichen wichtig ist, auf das Gewicht des Körpers zu achten.

5 Der Fachmann für Computer bietet Kurse an.

6 Hier sind zwei Listen durcheinander geraten:
Mutters Einkaufsliste für Lebensmittel und Gabys Packliste für die Klassenfahrt.
Lies ohne Vorbereitung zunächst Mutters Einkaufsliste und dann Gabys Liste.
■ Falls du einen Partner hast, könntet ihr euch gegenseitig kontrollieren.

Milch – Schnittkäse – Regensachen – Salat – Wanderschuhe – Mullbinden – Tiefkühlkost – Bettwäsche – warmer Pulli – vier Schnitzel – vier Äpfel – Hausschuhe – Frischkäse – Unterwäsche – Socken – Haarfestiger – Butter – kurze Hosen – Hefe – Turnschuhe – Backpulver – Möhren – Taschentücher – Eis – T-Shirts – Nudeln – Kamm

7 Welches der beiden Bilder unten gehört zu diesem Text?

Pflaumenmarmelade

Susi und Karl beschlossen an einem schönen Herbsttag: „Heute machen wir Pflaumenmarmelade!"
Während Susi schon den Zucker holte, organisierte Karl im Keller die Pflaumengläser.
Dann legten sie sich ein kleines Küchenmesser zum Aufschneiden der Pflaumen zurecht. In der Küchenschublade fanden sie jedoch einen älteren Entkerner, ein zweiter stand im Küchenschrank. Während der ältere Entkerner ein einfaches Handgerät war, war der aus dem Küchenschrank ein Gerät, das man auf ein Brett stellen konnte, um dann die Pflaumen zu entkernen.
Jetzt brauchten sie noch eine Waage, um die Pflaumen zu wiegen, und einen großen Topf, um sie weich kochen zu können.
Zum Glück fanden sie auch noch die notwendigen 3 kg Gelierzucker.

8 Lies folgenden Text und beantworte zwei der vier Fragen.

1 Was macht Hausmeister Pott, um seinen Rasen in Ordnung zu halten? Nenne vier Tätigkeiten. ❍
2 Wieso wird der Rasen durch das Mähen dicht und fest? ❍
3 Welche Gefahr für den Rasen muss man beim Düngen berücksichtigen? ❍
4 Wodurch könnte der schöne Rasen gefährdet werden, wenn Herr Pott nicht aufpassen würde? ❍

TIPP

- **Lies zunächst die Fragen und wähle zwei Fragen aus. Kreuze sie an.**
- **Decke die Fragen dann mit einem Blatt Papier ab.**
- **Formuliere die beiden Fragen, für die du dich entschieden hast, jetzt noch einmal in eigenen Worten und schreibe sie auf.**
- **Lies dann den Text und markiere schon beim Lesen die Textstellen, die Antwort auf die Fragen geben.**

Hausmeister Potts Stolz – ein weicher grüner Rasen*

Um die Schule hat Hausmeister Pott einen „englischen Rasen" angelegt. Dieser ist dunkelgrün und schön anzusehen. Man geht darauf wie auf einem dicken Teppich. Hausmeister Pott ist stolz auf diesen Rasen, und er verwendet viel Zeit, um ihn frei von ungeliebten Pflanzen zu halten.
Wahrend der Zeit des stärksten Wachstums mäht er in Absprache mit den Stadtgärtnern den Rasen mindestens zweimal in der Woche. Das hat folgende Gründe:
Durch den Rückschnitt bestocken sich die Gräser: Es entsteht an jedem Trieb eine ganze Anzahl von Seitenhalmen. So wird der Rasen immer dichter und fester. Das gemähte Gras muss sorgfältig entfernt werden. Liegen gebliebenes Gras kann gelbe Flecken im Rasen verursachen.
Weil das ganze Jahr über viel Gras geschnitten wird, muss auch öfter Dünger zugeführt werden. Wenn man aber zu viel Dünger an eine Stelle wirft, „verbrennt" der Rasen durch das scharfe Düngesalz. Deswegen düngt Herr Pott gern bei Regenwetter und benutzt dazu einen Streuwagen, mit dem er genau dosieren kann.
Frisch geschnittener Rasen ist gegen Hitze und Trockenheit sehr empfindlich. Herr Pott stellt oft den Rasensprenger auf.

*nach: Einblicke in die Biologie 5/6, Ernst Klett Verlag, Stuttgart 1992

Check

- Lies den Text über Kaiser Karl den Großen und beantworte zwei der vier Fragen unter dem Text.
  Gehe dabei vor wie in Aufgabe 8.

Karl der Große empfängt eine maurische Gesandtschaft vor der Pfalz in Aachen

Wie Karl der Große sein Reich regierte*

Das Reich der Franken besaß keine Hauptstadt. Es gab keine Post, die Nachrichten schnell in ferne Teile des Reiches gebracht hätte. Deshalb musste der Herrscher selbst reisen, um überall nach dem Rechten zu sehen. Weil er fast immer unterwegs war, führte er seine ganze Familie mit sich, dazu Ratgeber, Beamte und Diener. Hunderte von Reit- und Zugpferden, von Wagen und Knechten mussten bereitstehen. Die Aufsicht darüber führte ein höherer Hofbeamter. Der Quartiermeister aber ritt auf der Reise mit seinen Gehilfen voraus und sorgte für Verpflegung und Unterkunft. Das konnte ein Kloster, der Herrensitz eines Grafen oder eine königliche Pfalz sein. Viele Leibwächter beschützten den Zug, die Wohnräume der königlichen Familie, die Schatz- und Vorratskammern.

Blieb der König längere Zeit an einem Ort, so kamen aus der Umgebung Bittsteller, die um Schutz vor Unrecht, um Unterstützung in Not oder um eine besondere Gnade bitten wollten.

Die Wächter am Tor führten jeden zu einem der Türhüter, der das Anliegen prüfte. Der Meister der Türhüter setzte die Zeit fest, wann der Bittsteller beim König vorgelassen werden konnte. War es ein einfacher Fall, so schickte er ihn zum Pfalzgrafen, damit dieser darüber entschied.

Oft kamen große Gesandtschaften anderer Fürsten an den Hof, um Verträge mit Kaiser Karl abzuschließen. Solche Verhandlungen dauerten zuweilen monatelang. In dieser Zeit waren die Fremden Gäste Karls. Der Küchenmeister, auch Seneschalk genannt, und der Oberschenk, die die Versorgung des Hofes mit Speisen und Getränken beaufsichtigten, kümmerten sich um ihre Nahrung. Inzwischen schrieben die Notare in der Kanzlei die Verträge und Briefe an die fremden Fürsten in verzierten Buchstaben auf Pergament. Karl musste sie nur noch unterzeichnen, und der Vorsteher der Kanzlei, der Kanzler, siegelte sie zum Zeichen der Echtheit mit Karls Siegel.

*nach: Damals und heute 2. Ernst Klett Verlag, Stuttgart 1973

Fragen:

1 Warum musste Kaiser Karl sein Reich häufig selbst bereisen?
2 Wer begleitete ihn auf seinen langen Reisen?
3 Wo überall fand der Kaiser auf seinen langen Reisen Unterkunft?
4 Wen empfing der Kaiser, wenn er unterwegs längere Zeit irgendwo verweilte?

■ Überprüfe mit der Checkliste, ob du alle Gesichtspunkte beachtet hast.

Checkliste

	+	–
Hast du zunächst die Fragen gelesen und sie dann mit einem Blatt Papier abgedeckt?	☐	☐
Hast du vor dem Lesen des Textes die Fragen noch einmal in eigenen Worten formuliert?	☐	☐
Hast du dann beim Lesen bereits wichtige Textstellen markiert, die Antwort auf die Fragen geben?	☐	☐

■ Schreibe in Stichworten die Antworten auf die Fragen auf.

4 Einem Text Informationen entnehmen

In diesem Kapitel lernst du:

zwei Methoden kennen und anwenden, mit deren Hilfe du beim Lesen eines Textes schnell die wichtigsten Informationen erkennen und zusammenfassen kannst.
Methode 1: Textstellen markieren
Methode 2: W-Fragen-Methode

Häufig hast du im Fachunterricht den Auftrag, einen Schulbuchtext zu lesen und wichtige Informationen aus dem Text zusammenzutragen.

Methode 1:

- Du kannst schon beim Lesen erste Informationen markieren, die du für wichtig hältst, indem du sie

  unterstreichst

  mit einem Farbstift markierst

  oder wichtige Wörter einfach einrahmst
- Unbekannte Wörter solltest du sofort nachschlagen oder erfragen.

TIPP

Markiere niemals mehr als zwei zusammenhängende Zeilen, damit deine Markierungen übersichtlich bleiben.

In dem Text sind zwei unbekannte Wörter erklärt und einige wichtige Wortgruppen markiert.

Wir pflegen die Zähne*

Die Zähne pflegen heißt richtig und regelmäßig Zähne putzen. Damit können Zahnerkrankungen verhindert werden, wie z. B. Karies. Ohne Zähneputzen bleiben süße und klebrige Stoffe an den Zähnen hängen. So entstehen Zahnbeläge, in denen sich Bakterien ansiedeln. Diese zerstören als erstes den Zahnschmelz. Schließlich wird auch das Zahnbein angegriffen, die Zahnschmerzen beginnen. Der Zahnarzt kann den Schaden durch eine Zahnfüllung begrenzen …

Zahnfäule

Kleinstlebewesen

*nach: BIO 5/6. Westermann Schulbuchverlag, Braunschweig 1989

1 Notiere, welche unbekannten Wörter (nachgeschlagen und) erklärt werden.

2 Schreibe die markierten Wortgruppen und Wörter heraus.

Wir pflegen die Zähne

Zähne pflegen ______________________ ______________________

______________________ ______________________

______________________ ______________________

______________________ ______________________

______________________ ______________________

3 Wenn wirklich die wichtigsten Informationen markiert sind, kannst du mit diesen Informationen jetzt das Merkblatt über die Notwendigkeit der Zahnpflege ergänzen.

- Wenn du nicht weiterkommst, dann lies im Text noch einmal nach und markiere die Informationen, die dir fehlen.

Nur tägliche Zahnpflege verhindert ....!

- Es reicht nicht, die Zähne nur zu putzen, wenn man gerade mal Zeit hat.
- Wer seine Zähne wirklich .... will, muss sie richtig und ....
- Richtig und regelmäßig .... Zähne bleiben frei von ...., so dass sich auch keine .... ansiedeln können, die nämlich den .... zerstören und dann das .... angreifen.
- Das führt zu schrecklichen ....
- Der Schaden kann dann nur noch durch eine .... begrenzt werden.

4 In den folgenden Texten aus einem Geographiebuch werden tropische Nutzpflanzen beschrieben.
Lies die beiden Texte und markiere die Informationen zu folgenden Punkten.

1 Name der Pflanze
2 Herkunft der Pflanze
3 Aussehen der Pflanze
4 Aus der Pflanze gewonnenes Produkt

Die Kaffeepflanze stammt aus Äthiopien. Es gibt Kaffeebäume, die bis zu sechs Meter hoch werden, und Kaffeesträucher. Die Kaffeepflanze hat lederartige Blätter und kirschähnliche Früchte. Die Kaffeekirschen enthalten entweder einen rundlichen oder zwei bohnenförmige Samen. Nach der Ernte werden die Schalen entfernt. Man erhält die Kaffeebohnen. Diese werden in den Verbraucherländern geröstet.
Dabei entwickeln sie ihr Aroma.

Kautschuk wird aus der Rinde des Kautschukbaumes gewonnen, der zu den Gummi- und Harzpflanzen gehört. Er wird bis zu 30 m hoch und stammt aus den Regenwäldern am Amazonas in Südamerika.
Um den Milchsaft (Latex) zu gewinnen wird die Rinde der Bäume eingeschnitten. Der Saft tröpfelt in einen Becher, der am Baum angebracht ist.

5 Schreibe unten Stichwörter zu deinen markierten Textstellen auf.
■ Welche Informationen könntest du aussparen, wenn der Platz nicht reicht?

Text 1

____

____

____

____

____

Text 2

____

____

____

____

____

b So kannst du überprüfen, ob du die richtigen Informationen unterstrichen hast:

- Formuliere zunächst zu den vier Punkten (Name, Herkunft, Aussehen, gewonnenes Produkt) vier Fragen, die mit einem dieser Fragewörter beginnen:

Wie? Woher? Was?

1 *Wie heißt* ______

2 *Woher* ______

3 *Wie* ______

4 *Was* ______

- Beantworte nun mit Hilfe deiner Notizen die vier Fragen **in vollständigen Sätzen**. Wenn du eine Frage nicht beantworten kannst, sieh noch einmal im Text nach und markiere die passenden Stellen.

Text 1	Text 2

Methode 2: Die W-Fragen-Methode

Wenn du in diesen vier Schritten vorgehst, wirst du auch schwierige oder längere Texte leichter verstehen.

Schritt 1:
Zunächst den Text einmal lesen und markieren,
- was dir wichtig erscheint und
- was du nicht verstehst.

Schritt 2:
Fremdwörter oder fremde Begriffe, die dir aufgefallen sind, sofort klären und die Erklärung an den Rand schreiben.

Schritt 3:
Selbst „W-Fragen" an den Text formulieren.

Schritt 4:
Den Text noch einmal unter dem Gesichtspunkt deiner Fragen lesen.

7 Lies diesen Text aus einem Geographiebuch durch und markiere, was dir beim ersten Lesen wichtig erscheint oder auffällt.

Ich heiße Rosita Palmeiro und bin 12 Jahre alt. Geboren wurde ich in Hipolito, einem kleinen Ort im Nordosten Brasiliens. Mein Vater war früher Bauer. Als die große Dürre kam und die Ernte so gering war, dass Vater die Pacht an den Großgrundbesitzer nicht mehr zahlen konnte, mussten wir unseren kleinen Hof aufgeben. Wir zogen in die Nähe von Rio de Janeiro. Vater hatte Glück, denn er bekam Arbeit in einem Stahlwerk. Meine Eltern, meine sieben Geschwister und ich wohnten damals in einem Holzhaus, das dem Bergwerk gehörte. Das Haus war zwar einfach, aber es waren viele kleine Schlafräume vorhanden. Die Küche im Freien hatte fließendes Wasser und sogar einen Stromanschluss. Zur Schule war es nicht weit.

Wo lebt Rosita?

Was geschieht mit Rosita Palmeiro?

?

8 Formuliere jetzt sieben W-Fragen zu dem Text. Trage deine Fragen in die Tabelle ein.

W-Fragen	Antworten

9 Lies den Text noch einmal durch und schreibe dann die Antworten zu deinen Fragen auf.

10 Fülle die Lücken im folgenden Text aus. Du kannst dazu noch einmal im Text nachlesen und die passenden Stellen markieren.

Rosita .... ist die .... Tochter eines

.... Kleinbauern. Die Familie lebt in einem kleinen Dorf im

.... Brasiliens. Das Leben der Familie verändert sich nach einer

großen .... weil der Vater wegen der geringen .... die ....

nicht bezahlen kann. So ist die Familie gezwungen, alles aufzugeben und in die Nähe von

.... zu ziehen. Dort findet der Vater .... in einem Stahlwerk

und die Familie kann ein einfaches .... mit vielen kleinen

.... beziehen.

Arbeit brasilianischen Dürre Ernte Holzhaus zwölfjährige Nordosten Pacht Palmeiro Rio de Janeiro Schlafräumen

Und so geht es mit Rosita und ihrer Familie weiter:

11 Markiere wichtige Textstellen und fremde Begriffe.

Eines Tages kam mein Vater traurig von der Arbeit zurück. Die Betriebsleitung hatte ihm gekündigt. Zum Monatsende mussten wir das Haus räumen. Wohin sollten wir gehen? Vater hatte Glück, er wurde Transportarbeiter im Hafen von Rio. Nur eine einfache kleine Wohnung, die er von seinem Lohn bezahlen konnte, fand er nicht.
So bauten wir in den Favelas beim Stadtteil Andarai eine Hütte aus Brettern, Spanplanresten und Wellblech.
Wir haben von hier aus einen herrlichen Ausblick auf den Hafen von Rio, aber das Leben ist elend: kein Wasser, kein Strom, Berge von Unrat, die Hütte hat nur einen Raum, die Küche im Freien hat keinen Windschutz, ständig gibt es Streit zwischen den Bewohnern. Eine Schule gibt es nicht, keinen Arzt und keinen Einkaufsladen. Weil mein Vater sehr wenig verdient, muss ich seit meinem 10. Lebensjahr mitverdienen.

Wer?
Was? Wann?
Wo? Wie?
Warum? Wohin?
Woher?

12 Formuliere eigene W-Fragen und schreibe sie in die Tabelle.

13 Lies den Text noch einmal und beantworte dann die Fragen.

Warum mussten sie das Haus räumen?	

5 Eine Geschichte erfinden

In diesem Kapitel lernst du:

- **eine Methode kennen und anwenden, mit deren Hilfe du schnell und sicher Ideen für eine Geschichte findest.**
- **eine Methode kennen, wie du schnell und sicher das Grundgerüst deiner Geschichte schreiben kannst (die Drei-Schritt-Methode).**

Ideensammlung

Du kennst das: Du sollst eine Geschichte schreiben. Aber dir fällt nichts ein. Das wird ab sofort anders, denn du lernst eine neue Methode kennen:

Diese Methode heißt „clustern“ und ist ganz einfach:

- Schreibe in die Mitte des Blattes das Thema/Stichwort.
- Schreibe dann alles auf, was dir dazu einfällt.
  Dabei ist es völlig unwichtig, ob du alle Ideen auch später in deiner Geschichte gebrauchen kannst.
  Aussortieren kannst du ja immer noch!
- Halte dich beim Sammeln und Notieren der Ideen an zwei feste Schritte:

Schritt 1: Die Kernidee aufschreiben und einkreisen

- Schreibe ein Wort oder einen Satz mitten auf dein Blatt.
  Das kann eine erste Idee sein, das kann aber auch das Thema für deine Geschichte sein.
- Kreise das Wort oder den Satz ein.
  Das wird nun der **Kern** deiner Ideensammlung.

Zum Beispiel

Kernidee notieren und einkreisen

Schritt 2: Alle weiteren Einfälle aufschreiben und einkreisen

Notiere anschließend alles, was dir rund um die erste Idee einfällt.

- Jede neue Idee kreist du sofort wieder ein.
- Die Kreise verbindest du miteinander, so dass sich eine Gedankenkette ergibt.

Zum Beispiel

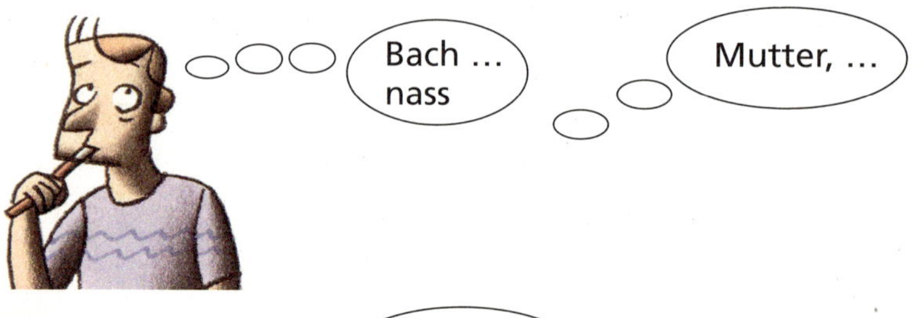

Neue Einfälle notieren, einkreisen, verbinden

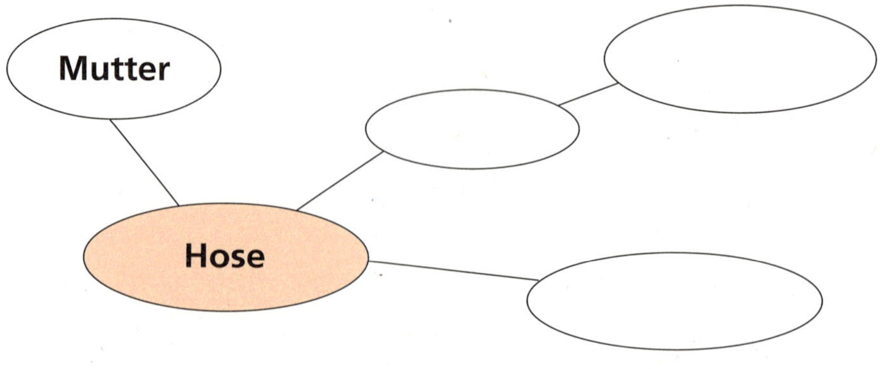

Ist eine Gedankenkette beendet, beginnst du mit der nächsten. Jeder neue Einfall wird wieder mit dem Kern verbunden.
Nach fünf Minuten ist dein „Cluster" fertig und du weißt, was du schreiben kannst.

So könnte eine Ideensammlung als Cluster aussehen:

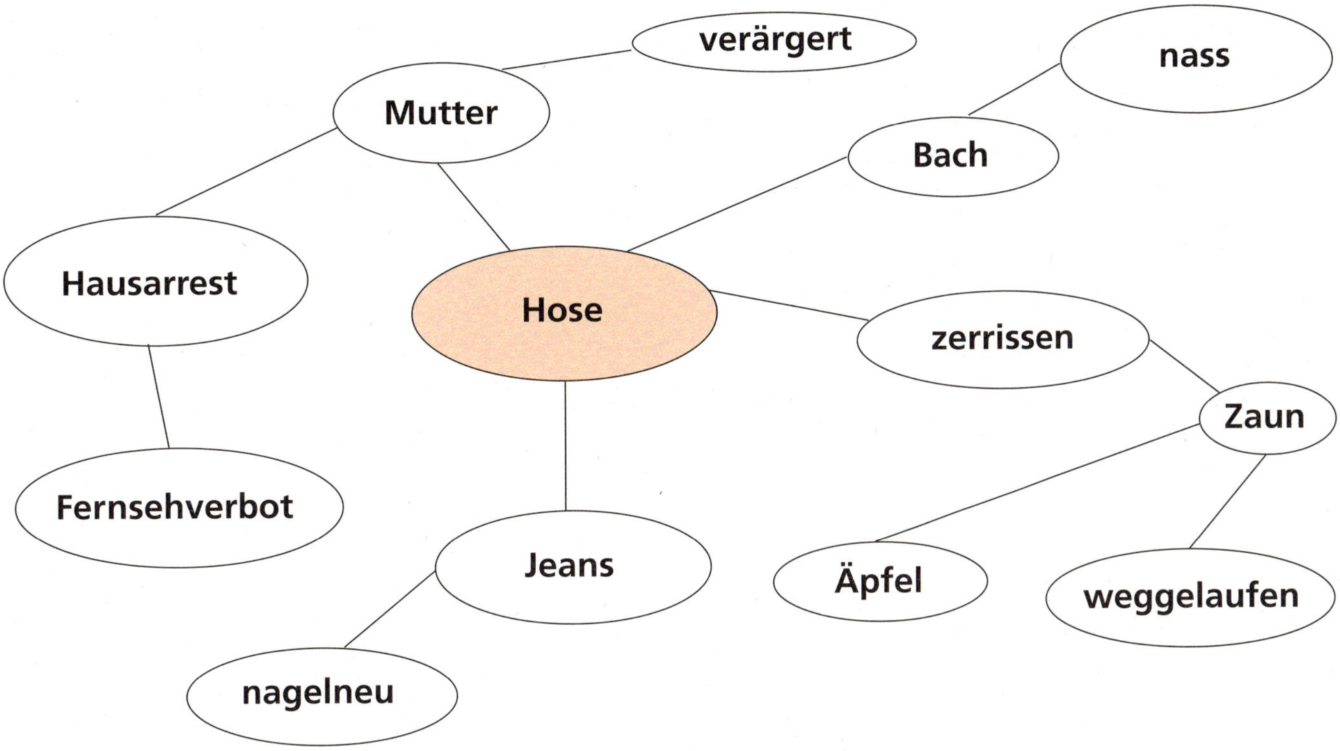

1 Kannst du dir die Geschichte vorstellen? Dann formuliere eine Überschrift.

---

2 Probiere jetzt selbst die Methode Schritt für Schritt aus.
Entscheide dich für eine der folgenden Situationen und sammle deine Ideen.

 ○

○

Kreuze an, für welche Situation du dich entschieden hast.

Schritt 1:

Schreibe nun deine erste Idee in den Kern des Clusters auf Seite 38.

- Das kann ein Wort sein.
- Das kann auch ein Satz sein.

Schritt 2:

Notiere nun alle Ideen für die Geschichte und male jedesmal einen Kreis darum.

- Eine Folge-Idee wird umkreist und mit dem Vorgänger verbunden.
- Eine neue Idee wird umkreist und mit dem Kern verbunden.

Deine Ideensammlung:

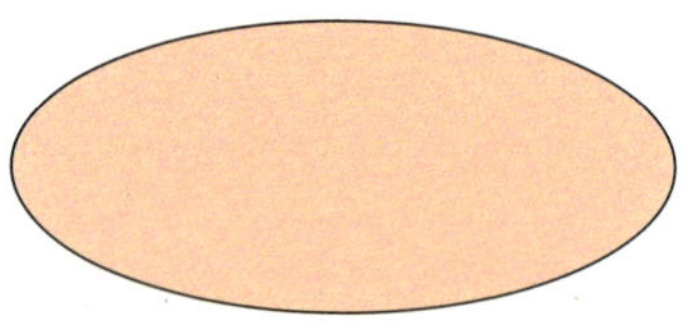

3 Lies nun deine Ideen noch einmal durch. Markiere alle Ideen, die du in deiner Geschichte verwenden willst, farbig.

4 Notiere wenigstens zwei mögliche Überschriften für deine Geschichte.

Von der Ideensammlung zur Geschichte

Mit der „Drei-Schritt-Methode" lernst du eine einfache Methode kennen, wie du deine Ideen aus dem Cluster ganz einfach zu einer Geschichte weiterentwickeln kannst.

Schritt 1: Ein Satz für die Einleitung

Die Einleitung einer Geschichte gibt dem Leser Antwort auf die Fragen:

- Wer ist beteiligt?
- Was hat er vor? Was plant er?

Diese Bilder könnten der Anfang von verschiedenen Geschichten sein.

- Kreuze an, wer in der Geschichte beteiligt sein soll.
- Kreuze eines der Kästen an, die auf einen Plan hinweisen.

Schwimmbad

Stadt

Wald

Bahnhof

Wer?

Was?

Schreibe nun in einem Satz auf, **wer** in deiner Geschichte beteiligt ist und **was** die Person/Personen vorhaben.

Schritt 2: Ein Satz für den Hauptteil

Im Hauptteil einer Geschichte erfährt der Leser, was den Beteiligten bei ihrem Vorhaben passiert ist.
Entscheide dich für eine der drei Möglichkeiten und kreuze sie an.

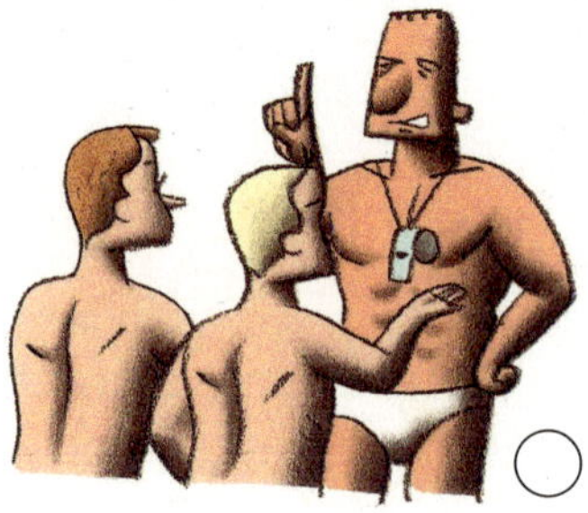

Schreibe in einem Satz auf, was bei dem Vorhaben passiert ist.

____

____

Schritt 3: Ein Satz für den Schluss

Am Schluss der Geschichte erfährt der Leser, was aus dem Vorhaben geworden ist.
Entscheide dich auch hier wieder für eine der Möglichkeiten und kreuze an

Schreibe in einem Satz auf, wie das Vorhaben endet.

____

____

5 Notiere nun noch einmal deine drei Sätze für Einleitung, Hauptteil und Schluss.
Damit hast du das Grundgerüst für deine Geschichte.

E ______________________________

H ______________________________

S ______________________________

Hier ist noch einmal das Cluster mit der Ideensammlung von Seite 37.

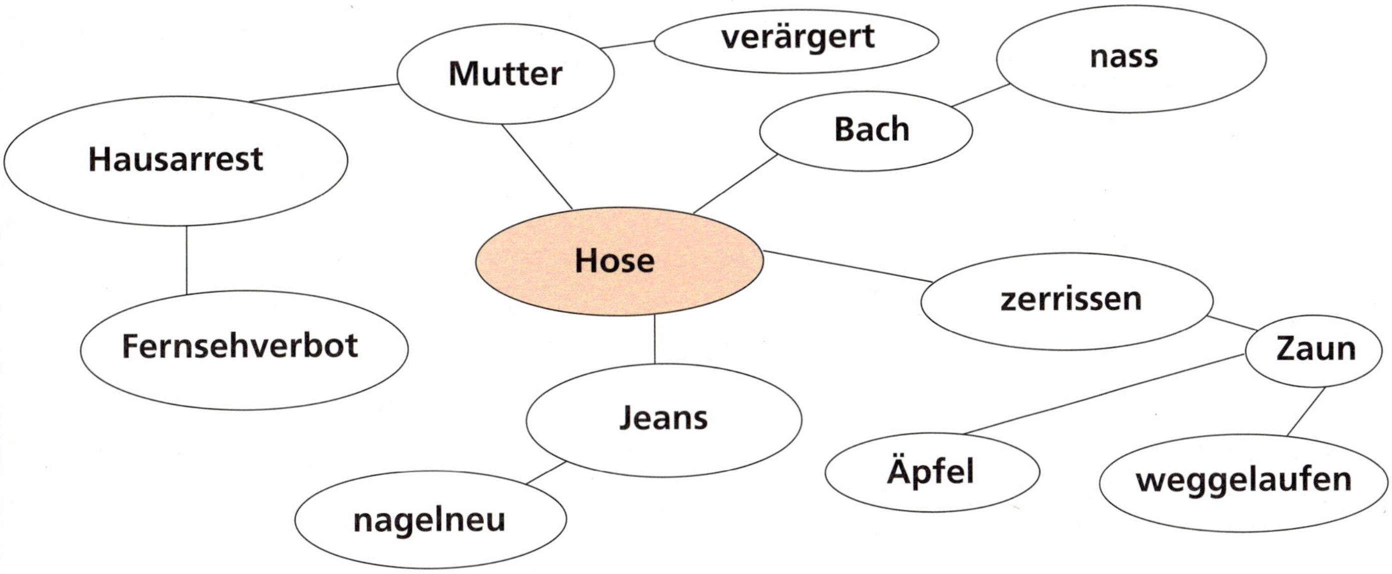

6 Überlege dir den Plan für die Geschichte.
Schreibe je einen Satz für Einleitung, Hauptteil und Schluss.

Einleitung: Wer ist beteiligt? Was hat er vor?

Hauptteil: Was passiert bei diesem Vorhaben?

Schluss: Welche Folgen hat es? Wie geht es aus?

E ______________________________

H ______________________________

S ______________________________

7 Mit der „Drei-Schritt-Methode“ hast du das Grundgerüst für deine Geschichte. Nun kannst du dir überlegen, wie du sie beim Erzählen ausschmückst. Das kannst du hier für die Einleitung trainieren.

So könnte nach der „Drei-Schritt-Methode“ ein Einleitungssatz lauten:

Ich wollte mich mit Freunden treffen, um Fussball zu spielen.

Diese Fragen helfen dir, die Einleitung auszuschmücken:

Muss er seine Mutter fragen?

Wann?

Wie heißen seine Freunde?

Wo?

Wie ist das Wetter?

Wie fühlt er sich?

8 Überlege dir passende Antworten. Schreibe dann deine ausgeschmückte Einleitung auf.

Check

Was könnten diese beiden Kinder alles erlebt haben?

- Sieh dir das Bild an und notiere deine Ideen für eine interessante Geschichte als Cluster.

- Notiere jetzt nach der „Drei-Schritt-Methode“ je einen Satz für Einleitung, Hauptteil und Schluss.

Einleitung: ______________________________

____

Hauptteil: ______________________________

____

Schluss: ______________________________

____

Überlege dir nun, wie du die Einleitung ausschmücken kannst, und schreibe sie auf.

____

____

____

____

____

____

____

____

____

____

____

■ Überprüfe mit den zwei Checklisten, ob du beim Lösen der Aufgaben richtig vorgegangen bist.

Ideensammlung

	+	–
Hast du wirklich alle Einfälle notiert und keinen weggelassen?	☐	☐
Hast du jeden Einfall sofort umkreist?	☐	☐
Hast du jeden Einfall sofort mit dem zugehörigen Kreis verbunden?	☐	☐
Hast du neue Ideen immer mit dem Kern verbunden?	☐	☐

Drei-Schritt-Methode

	+	–
Hast du wirklich immer nur je einen Satz für Einleitung, Hauptteil und Schluss aufgeschrieben?	☐	☐
Hast du in deinem Einleitungssatz wirklich aufgeschrieben, wer beteiligt ist und was er vorhat?	☐	☐
Hast du in deinem Satz für den Hauptteil wirklich aufgeschrieben, was bei diesem Vorhaben passiert?	☐	☐
Hast du in deinem Satz für den Schluss wirklich aufgeschrieben, wie das Vorhaben ausgeht?	☐	☐

6 Einen Text inhaltlich überarbeiten

In diesem Kapitel lernst du:

wie du deine Texte inhaltlich überarbeiten kannst, indem du Fragen an die Texte stellst.

Es gibt eine wichtige Methode, um Texte inhaltlich zu verbessern:
Man stellt dem Schreiber des Textes Fragen.
Besonders geeignet sind W-Fragen.
Solche Fragen machen ihn auf inhaltliche Unstimmigkeiten aufmerksam.
Bei der Überarbeitung deiner eigenen Texte musst du dir dann zunächst überlegen:

- Welche Fragen könnte der Leser stellen?
- Welche Fragen würde ich selbst stellen, wenn ein anderer den Text geschrieben hätte?

1 In einer Schreibkonferenz besprechen die Schülerinnen und Schüler Möglichkeiten, diese Nacherzählung inhaltlich zu verbessern.

- Lies die Nacherzählung durch. Versuche dir das Geschehen wie in einem Film vorzustellen.

Nacherzählung

Eulenspiegel und die Landfrauen

Eines Tages kam Eulenspiegel auf den Markt. Dort beobachtete er, dass die Bäuerinnen viel Milch auf den Markt brachten. Er besorgte sich eine große Bütte und stellte sie mitten auf den Markt. Die Frauen schütteten alle Milch direkt in die Bütte.

Als die Bäuerinnen die gesamte Milch hineingeschüttet hatten, machte sich Eulenspiegel einen Spaß.
Mit viel Geschrei versuchten die Bäuerinnen, ihre Milch aus dem Zuber zu holen, und es kam zu einem Riesenstreit, so dass es bald auf dem Markt aussah, als hätte es Milch geregnet.

■ Weil die Nacherzählung noch ungenau ist, haben die Schülerinnen und Schüler in einer Schreibkonferenz Fragen an den Schreiber gestellt.
Hier sind die Fragen der Mitschüler und die Antworten des Schreibers abgedruckt.
Ordne den Fragen die passenden Antworten zu.

Fragen:

- **Wo** ereignete sich diese Geschichte? ○
- **Warum** waren die Bäuerinnen überhaupt bereit, ihre Milch in Tills große Bütte zu schütten? ○
- **Warum** ließen die Frauen sich nicht gleich die Milch bezahlen? ○
- **Was** sagte Eulenspiegel, als die Frauen ihre Kannen geleert hatten? ○
- **Warum** sah es auf dem Markt so aus, als hätte es Milch geregnet? ○

Antworten:

- ○ Till hatte versprochen, er würde die Milch bezahlen, sobald die gesamte Milch in der Bütte sei.
- ○ „Ich habe heute kein Geld. Wer nicht vierzehn Tage warten will, mag die Milch wieder aus der Bütte nehmen!"
- ○ Weil die Frauen sich im Streit sogar gegenseitig mit der Milch begossen hatten.
- ○ In Bremen
- ○ Er schrieb auf, wie viel Milch jede Frau hineinschüttete.

2 Verbessere jetzt die Nacherzählung. Schreibe die überarbeitete Fassung auf.

____

____

____

____

____

____

____

____

____

3 Hier stehen Stichpunkte für einen Text über Pferde.
In der Ausarbeitung fehlen aber wichtige Informationen.
- Lies die Stichpunkte und die Ausarbeitung.

Stichpunkte:

Das Pferd

Man unterscheidet mehrere ***Pferdegruppen:***

Vollblutpferde *(leicht, schnell, empfindlich)*

Kaltblutpferde *(stark gebaut, dichtes Fell, ruhig, gut geeignet für schwere Arbeiten)*

Früher bevorzugte man sie in der Landwirtschaft.

Warmblutpferde *(leichte und mittelschwere Reit- und Zugpferde)*

Ponys

Begriff für kleine Pferderassen

Trag- und Reittiere

Ausdauer und Stärke

Bekannte Ponyarten:

Islandpony

lebt das ganze Jahr im Freien, genügsam, schnell, ausdauernd

Fallabella-Ponys:

aus Argentinien, Widerristhöhe etwa 70 cm (Mini-Pferde)

Ausarbeitung:

Pferde sind vielseitige Freunde und Helfer des Menschen. Man untescheidet nach Schwere, Größe und Temperament der Pferde Vollblutpferde, Kaltblutpferde und Warmblutpferde. Die Warmblutpferde sind auch Reit- und Zugpferde. Die kleineren Pferderassen werden als Ponys bezeichnet. Am bekanntesten sind die Island-Ponys. Am niedlichsten sind die kleinen Fallabella-Ponys, die in Argentinien vorkommen.

■ In der Schreibkonferenz stellen die Mitschüler viele Fragen zu der Ausarbeitung.
Vielleicht hast du auch noch Fragen.
Schreibe sie in die leeren Sprechblasen.

4 Überprüfe, ob du in den Stichpunkten auf Seite 48 Hinweise zur Beantwortung der Fragen findest. Ergänze die fehlenden Informationen. Schreibe die Überarbeitung auf.

5 Hier ist ein Bericht über einen Tag auf dem Bauernhof.
Lies den Text und überlege dir, welche Fragen du noch stellen könntest.
Schreibe deine Fragen unter den Text.

Ein Tag auf dem Bauernhof

Morgens um 8 Uhr hielt der Bus vor dem Georgenhof.
Wir waren alle in Arbeitskleidung, weil wir heute der Bauernfamilie List im Stall helfen wollten.
Zuerst musste aber der Hund angebunden werden. Herr List führte uns in den warmen Stall. Dort standen 30 Kühe. Über jedem Tier war eine Tafel angebracht. Die Kühe waren unruhig und muhten.
Zuerst verteilten wir frisches Heu. Die Kühe waren alle ziemlich kurz angebunden. Wir durften auch nur leise reden, während wir im Stall waren.

Hier ist der Platz für deine Fragen:

____

____

____

In der Schreibkonferenz sprechen die Mitschüler mit dem Verfasser über den Text.
Hier sind seine Erklärungen:

Weil er so viele Kinder nicht gewöhnt war.

Wenn sie erschrecken, kann es passieren, dass sie Milch zurückhalten.

Dort notiert man Namen, Alter und Milchmenge jeder Milchkuh.

Ist doch klar! Weil sie Hunger hatten!

Damit sie sich beim Fressen nicht gegenseitig stören.

6 Überlege dir, welche Fragen die Mitschüler gestellt haben.
Schreibe sie zu deinen W-Fragen unter den Text.

7 Ergänze die fehlenden Informationen und schreibe den überarbeiteten Text auf.

Überprüfe an deinem überarbeiteten Text, ob nun auch wirklich alle Fragen von Seite 50 beantwortet sind.
Hake alle beantworteten Fragen ab.

Check

Überprüfe an dem folgenden Text, ob du das Überarbeiten gelernt hast:

Mein defekter Fahrradschlauch

Der Bericht darüber, wie ein Fahrradschlauch repariert wurde, ist sehr kurz ausgefallen:

Ich holte zuerst Wasser und Werkzeug. Dann baute ich das hintere Rad aus, zog den Schlauch heraus und hätte ihn fast noch an einer anderen Stelle kaputtgemacht.
Anschließend tauchte ich ihn ins Wasser und konnte so die undichte Stelle sehen. Die flickte ich dann und baute das Hinterrad wieder ein.

- Notiere mindestens vier W-Fragen an den Verfasser.
  Sie sollten Hinweise darauf geben, was in dem Bericht fehlt.

■ Überarbeite den Bericht. Ergänze dabei die fehlenden Informationen.

■ Prüfe mit der Checkliste, ob du bei der inhaltlichen Textüberarbeitung richtig vorgegangen bist.

Checkliste

	+	–
Hast du mindestens vier Fragen an den Text gestellt?	☐	☐
Hast du die Fragen an den Text als W-Fragen formuliert?	☐	☐
Hast du in der überarbeiteten Fassung wirklich auf alle Fragen eine Antwort gegeben?	☐	☐

7 Einen Text sprachlich überarbeiten

In diesem Kapitel lernst du:

einige Proben kennen, die dir helfen, deine Texte sprachlich zu verbessern.

Dein Text ist fertig. Du liest ihn noch einmal durch und überprüfst, ob du vielleicht etwas überarbeiten und dadurch besser ausdrücken kannst. Es gibt vier Proben, die dir diese Überarbeitung erleichtern.

Probe 1: Erweiterungsprobe

Was könnte ich hinzufügen, um etwas noch genauer auszudrücken?

hinzufügen

Wenn du überlegst, wie du etwas noch anschaulicher und genauer formulieren kannst, dann machst du die **Erweiterungsprobe.**

1 Führe die Erweiterungsprobe durch: Überprüfe, welche Wörter oder Ausdrücke aus den Wortlisten an den markierten Textstellen passen.

Als meine Eltern mir ☆☆☆☆☆☆☆☆ sagten, dass sie heute Abend ins Kino gehen wollten, freute ich mich riesig. Nun durfte ich ☆☆☆☆☆☆☆☆☆☆☆☆☆ einmal einen Abend alleine zu Hause sein.
Ich nahm mir vor, mal ☆☆☆☆☆☆☆☆☆☆☆☆☆☆☆☆☆☆ Fernsehen zu gucken.
Doch kaum waren sie am Abend aus dem Haus und abgefahren, wurde es mir unheimlich.
Jedes vorbeifahrende Auto machte ☆☆☆☆☆☆☆☆☆☆☆☆☆☆☆☆☆☆ Geräusche.
Da wir an einer viel befahrenen Straße wohnen, schien das Licht der Scheinwerfer immer wieder ☆☆☆☆☆☆☆☆☆☆☆ durchs Fenster ...

heute
heute Morgen
am Morgen

endlich
plötzlich
auch

richtig gemütlich
einen ganzen Abend lang
heimlich

hell
grell
blinkend

unbekannte
laute
unheimliche

Probe 2: Ersatzprobe

ersetzen

Wenn du beim Überarbeiten für bestimmte Ausdrücke nach anderen, besser passenden suchst, machst du die **Ersatzprobe.**

2 Im folgenden Brief sind einige Textstellen markiert, die noch geändert werden sollten.
- Suche aus den Vorschlägen die Ausdrücke heraus, die an den markierten Stellen besser klingen.
- Schreibe die neuen Ausdrücke über die markierten Stellen.

Liebe Angelika,

gestern war ein Super-Tag. Wir waren zusammen auf der Großkirmes in Pützchen.
Die Kirmes ist, wie du ja weißt, eine der größten in Deutschland.
Nachdem mein Vater wütend einen Parkplatz gesucht hatte, gingen wir auf den vollen Kirmesplatz und konnten uns dann in den Trubel stürzen. Am liebsten hätte ich gleich mein ganzes Kirmesgeld ausgegeben und von dem vielen Süßen genascht, aber ich wollte auf das Riesenrad und ich wollte auf die Achterbahn.
Da verzichtete ich halt ungern auf die Süßigkeiten. Als wir dann aber …

verzweifelt,
hektisch, nervös

überfüllten
stark
besuchten
überlaufenen

den zahlreichen
Süßigkeiten
den vielen Süßigkeiten
den gut riechenden
Süßigkeiten

zähneknirschend
notgedrungen
wohl oder übel

Probe 3: Umstellprobe

umstellen

Oft sind Texte besser, wenn man Satzglieder umstellt. Das kannst du prüfen mit der **Umstellprobe**. Die Umstellprobe hilft vor allem bei Satzanfängen.

Der Satz

„Die Wikinger raubten an der englischen Küste Waren und Menschen."

besteht aus vier Satzgliedern.

Die Wikinger	raubten	an der englischen Küste	Waren und Menschen.

Wenn du den Satzanfang ändern möchtest, brauchst du nur die Satzglieder so umzustellen, dass dir der neue Satz gefällt.

3 Für diesen Satz gibt es zwei Möglichkeiten. Schreibe sie auf.

____

____

4 Verändere in diesen Beispielen den Satzanfang mit Hilfe der Umstellprobe.
Es gibt jeweils zwei Möglichkeiten.

Wir	fuhren	mit dem Auto	in die Stadt.

______ *fuhren* ______________________

______ *fuhren* ______________________

Wir	gingen	schnell	zum Museum.

5 Stelle die Satzglieder im folgenden Text so um, dass der Text abwechslungsreicher klingt. Setze dazu jeweils das markierte Satzglied an den Satzanfang und schreibe die überarbeitete Textfassung auf.

- Beachte, dass du manchmal in der neuen Fassung noch mehr im Satz verändern oder umstellen musst.

Tourismus in den Alpen

In den Alpen herrscht starker Fremdenverkehr. Der Fremdenverkehr begann dort bereits in der Mitte des 19. Jahrhunderts. Kletterer waren es zunächst, die in die Alpen reisten. Der Wintersport kam seit Beginn des 20. Jahrhunderts hinzu. Das konnten sich zunächst nur wenige leisten. Um 1960 etwa setzte der Massentourismus ein. Die Alpen wurden zu einem beliebten Urlaubsgebiet in Europa.

Tourismus in den Alpen

Probe 4: Weglassprobe

Manche Wörter im Text sind einfach überflüssig.
Diese solltest du streichen.

Schreibkonferenz

Unten auf der Seite findest du einen Aufsatz über den ersten Schultag in der neuen Schule. In einer Schreibkonferenz haben Mitschüler Verbesserungsvorschläge erarbeitet. So kamen einige wertvolle Tipps zusammen, die dann am Rand des Aufsatzes notiert wurden:

b Überprüfe, ob in den Hinweisen am Rand alle Tipps der Mitschüler berücksichtigt wurden. Hake dazu oben die passenden Sprechblasen ab.

Aufsatz	Rand
	Überschrift
An meinem ersten Schultag in der neuen	
Schule hatte ich ~~ganz toll~~ Angst. Ich kannte	große
nur Melanie und Jusuf. ~~Melanie und Jusuf~~	Die beiden
wohnten in Haus, in dem wir nun auch seit	dem
einer Woche wohnten.	
Meine Mutter aber war ja mitgegangen. ~~Sie~~	2 1
~~hatte sich extra fein gemacht.~~ Am Eingang zur	
Schule stand der ~~dicke~~ Hausmeister und	
schickte uns in ein Büro. ~~Im Büro~~ meldete	Dort
meine Mutter mich an …	

7 Lies dir den Ausschnitt aus dem Aufsatz auf Seite 58 und die Verbesserungsvorschläge am Seitenrand durch. Was bedeuten die Zeichen dort? Ergänze die folgenden Erklärungen.

┌ Hier .... etwas und sollte .... oder ergänzt werden.

Ich müsste noch eine Überschrift formulieren.

Hier sollten ein Wort oder mehrere Wörter einfach .... werden.

Ob der Hausmeister dick war, ist meiner Meinung nach hier nicht so wichtig.

Hier sollte ein Wort durch ein passenderes .... werden.

große

„Ganz toll Angst". Das kling so kindlich. Schreib doch einfach „große" Angst.

Hier sollte ein Ausdruck .... werden und so an eine andere Stelle kommen.

Schreib „aber" lieber an den Satzanfang!

ersetzt **überprüft** **fehlt** **umgestellt** **gestrichen** **eingefügt**

8 Überarbeite den Text auf Seite 58. Trage die Änderungen jeweils in der Zeile über dem markierten Text ein.

Mein ...

┌

große

An meinem ersten Schultag in der neuen Schule hatte ich ~~ganz toll~~ Angst. Ich kannte nur Melanie und Jusuf. Melanie und Jusuf wohnten in Haus, in dem wir nun auch seit einer Woche wohnten. Meine Mutter aber war ja mitgegangen. Sie hatte sich extra fein gemacht. Am Eingang zur Schule stand der dicke Hausmeister und schickte uns in ein Büro. Im Büro meldete meine Mutter mich an ...

9 Hier stehen die Zeichen mit Überarbeitungshinweisen. Welche Textstelle ist jeweils gemeint? Markiere sie und trage die Änderung in der Zeile darüber ein.

Wildkatzen

Wildkatzen leben in den der Mittelgebirge. Tagsüber schlafen sie — Wäldern

meist in einem Versteck. In der Abenddämmerung gehen sie dann — sicheren

Tiere fangen. Das Fell der Wildkatzen ist grau und dunkel gefleckt. — jagen

Das Fell ist auch gestreift. Die Wildkatze kann man an ihrem lustigen — und

buschigen Schwanz mit zwei bis drei schwarzen Ringen und der

schwarzen Spitze gut von einer normalen Katze unterscheiden … — Hauskatze

10 Im folgenden Text fehlen die Zeichen zur Überarbeitung. Ergänze sie und notiere Verbesserungsvorschläge.

Die Entdeckung des Neandertalers

1856 entdeckten Arbeiter im Neandertal bei Düsseldorf nach einer Sprengung eine Höhle.

Nachdem ~~die Arbeiter~~ eine etwa 60 cm dicke Lehmschicht entfernt hatten, stießen ~~die Arbeiter~~ auf Knochenreste, die sie zunächst einmal einfach in den Steinbruch warfen.

Aber dort fielen die Knochenreste zufällig dem Besitzer vor die Füße. Er betrachtete sie neugierig, denn ~~der Besitzer~~ hielt sie für die Reste Höhlenbären.

Deshalb schickte er auch eine Nachricht an den Naturkundelehrer seines Sohnes. ~~Der Naturkundelehrer~~ war erstaunt darüber, wie dick die waren ~~und erstaunt~~ über die ungewöhnlich starke Schädeldecke. Daher vermutete er, dass es sich um Menschenknochen handeln müsse.

11 Für welche sechs Textstellen wird hier eine Überarbeitung vorgeschlagen? Markiere die entsprechenden Stellen. Schreibe die Korrekturzeichen und die Hinweise zur Überarbeitung an den Rand.

Ob du gerne Limonade magst, ist hier doch wirklich nicht von Bedeutung!

Wer öffnete die Tür?

Wie klingelte es?

Besser würde die Umstellung „Da merkte ich" klingen.

Zweimal der Name Katja hintereinander?

Sind Ralf und Uli schüchtern?

Als wir alles zu meiner Geburtstagsparty vorbereitet hatten, war es auch schon 15 Uhr und es klingelte auch schon an der Tür. Sie machte auf und Katja stürmte als erste herein. Katja gab mir ein Geschenk. Ich konnte das Geschenk kaum auspacken, als Ralf und Uli schon vor der Tür standen. „Haben wir einen Durst", sagten sie.
Ich merkte da, dass wir die Limonade vergessen hatten. Dabei mag ich so gerne Limonade.

12 Schreibe den überarbeiteten Text auf.

Jetzt hast du einige Möglichkeiten zur sprachlichen Überarbeitung von Texten kennen gelernt.
Diese Fragen helfen dir, wenn du deine Texte verbessern willst:

- ◯ Welches Wort könnte ich hinzufügen, um etwas noch genauer auszudrücken?
- ◯ Welche Wörter sind überflüssig, so dass ich sie streichen kann?
- ◯ Welches Wort würde hier noch besser passen?
- ◯ Welche Satzglieder könnte ich umstellen, damit mein Text besser klingt?

13 Ordne die Proben den Fragen oben zu:
Trage die Nummern der Proben bei den entsprechenden Fragen ein.

1 Genauer machen durch Hinzufügen (Erweiterungsprobe)

2 Wörter durch besser passende ersetzen (Ersatzprobe)

3 Satzglieder umstellen (Umstellprobe)

4 Überflüssiges einfach streichen (Weglassprobe)

14 Hier findest du einen Text mit zwei überarbeiteten Stellen.
- Stelle fest, nach welcher Frage die Formulierungen jeweils verbessert wurden.
- Trage am Rand die Nummer der entsprechenden Probe aus Aufgabe 13 ein.

Die Schülerinnen und Schüler versuchten angestrengt die Mathematikaufgaben zu lösen. ~~Die Schülerinnen und Schüler~~ *Sie* waren dabei ganz ruhig und *sehr* konzentriert.

Der Lehrer beobachtete sie …

◯
◯

15 Überprüfe an den Beispielsätzen noch einmal, ob du die einzelnen Proben anwenden kannst. Mache Überarbeitungsvorschläge für die Sätze.

- Schreibe deine überarbeiteten Sätze auf.

Genauer machen durch Hinzufügen (Erweiterungsprobe)

Um ihn herum war alles ganz ruhig, als er ein Geräusch hörte.

Überflüssiges wegstreichen (Weglassprobe)

Er kaufte den Rasenmäher bei einem unsympathischen Verkäufer im Fachgeschäft.

Wörter durch besser passende ersetzen (Ersatzprobe)

Peter war aufgeregt und murmelte laut: „Hierher! Hierher!"

rief, schrie, sagte …

Satzglieder umstellen (Umstellprobe)

Der Mann stürmte aus dem Haus. Er rannte schnell zu seinem Auto. Er riss die Fahrertür hektisch auf.

Check

■ Mache wenigstens sieben Überarbeitungsvorschläge für diesen Text.

Meine Schmusekatze

Meine Katze ist eine Landkatze mit Fell. Ihr Name heißt Moritz.

Tagsüber hält sie sich am liebsten im Haus auf. Dort liegt sie meist

auf einem Möbelstück und pennt. Spätestens am Abend wird die

Katze Moritz aber unruhig und will raus.

Dann wird sie unruhig und hoppelt vor der Haustür so lange hin

und her, bis wir die Tür öffnen und sie raus lassen.

■ Prüfe mit der Checkliste, ob du bei der sprachlichen Überarbeitung alle Punkte berücksichtigt hast.

Checkliste

	+	–
Hast du den Text sorgfältig gelesen?	☐	☐
Hast du den Text unter folgenden vier Fragestellungen überprüft?		
➪ Enthält er überflüssige Wörter, die ich einfach streichen kann?	☐	☐
➪ Kann ich den Text durch Hinzufügen von Wörtern verständlicher machen?	☐	☐
➪ Enthält der Text Wörter, die ich durch besser passende ersetzen könnte?	☐	☐
➪ Kann ich Satzglieder umstellen und so den Text sprachlich abwechslungsreicher machen?	☐	☐
Hast du zunächst Hinweiszeichen und Überarbeitungsvorschläge an den Rand geschrieben?	☐	☐
Hast du die betreffenden Textstellen entsprechend markiert?	☐	☐
Hast du deinen Vorschlag in die Zeile oberhalb eingearbeitet?	☐	☐